SOCIÉTÉ

DES

AMIS DES ARTS

DU LIMOUSIN

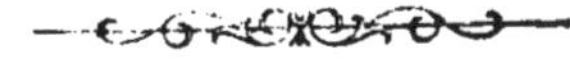

Première Exposition

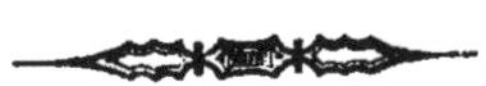

MAI 1862

EXPLICATION

DES ŒUVRES

de

PEINTURE, SCULPTURE, DESSIN, GRAVURE

ET DES

OUVRAGES ARTISTIQUES

EN PORCELAINE

EXPOSÉS

A LA GALERIE DES BEAUX-ARTS

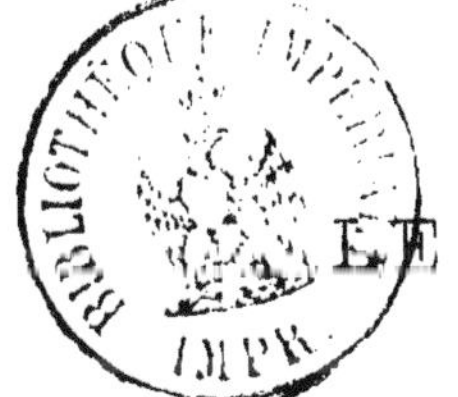

PLACE ROYALE

LE 1er MAI 1862

Prix : 50 centimes.

LIMOGES

SOURILAS-ARDILLIER, IMPRIMEUR, RUE DU CONSULAT

SOCIÉTÉ DES AMIS DES ARTS

DU LIMOUSIN.

La *Société des Amis des Arts du Limousin* a pris naissance à la suite de l'Exposition des départements du Centre qui a eu lieu à Limoges en 1858.

Les Souscripteurs, réunis en assemblée générale, arrêtent les statuts de la Société, et nomment une Commission administrative comme suit :

RÈGLEMENT.

Art. 1er. — La Société des Amis des Arts a pour but de favoriser en Limousin le progrès des Arts et d'en propager le goût par des Expositions publiques de peinture, sculpture, dessin, gravure et ouvrages artistiques en porcelaine.

Art. 2. — La Société, sous le patronage de M. le Préfet de la Haute-Vienne, de Mgr l'Evêque et de M. le Maire de Limoges, se compose de Membres souscripteurs et de Membres correspondants.

Art. 3. — Les Membres Souscripteurs sont seuls considérés comme Sociétaires actifs, et ont seuls droit de prendre part à l'Administration de la Société et aux délibérations des Assemblées générales.

Art. 4. — Les Membres correspondants sont les personnes avec lesquelles la Société juge nécessaire d'établir des relations et auxquelles elle confère ce titre.

Art. 5. — Chaque Sociétaire s'inscrit pour un nombre d'actions indéterminé. Le prix de l'action est fixé à 1 fr.

Art. 6. — La Société fait appel aux Artistes de France et de l'Étranger, et organise des Expositions publiques d'Ouvrages originaux de peinture, sculpture, etc. Ces Ouvrages ne sont admis à l'Exposition qu'après l'examen d'un jury nommé par l'Assemblée générale.

Art. 7. — Les fonds de la Société sont employés à acheter des Ouvrages figurant à ces Expositions. Ces Ouvrages sont ensuite distribués par la voie du sort entre les différents Souscripteurs. Chaque action a un droit égal dans le partage.

Art. 8. — Dans le but de faciliter les acquisitions des amateurs, le choix des Ouvrages achetés par la Société n'aura lieu que 15 jours après l'ouverture de l'Exposition.

Art. 9. — L'époque et la durée des Expositions seront déterminées par la Commission administrative.

Art. 10. — L'entrée aux Expositions sera ouverte tous les jours aux Souscripteurs et aux Exposants ; les cartes sont personnelles. Chaque Souscripteur, quelque soit le nombre de ses actions, n'a droit qu'à une entrée.

La Commission administrative est chargée de fixer le prix d'entrée pour le public..

Art. 11. — Tout Actionnaire qui favoriserait au moyen de sa carte l'entrée d'un étranger dans la galerie de l'Exposition, perdrait ses droits de Membre de la Société, l'Exposant qui prêterait sa carte perdrait aussi ses droits d'entrée.

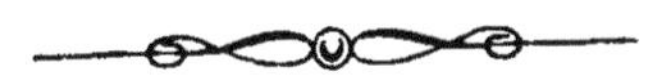

Commission administrative.

—

Présidents d'honneur :

M. le vicomte ARTHUR DE LA GUÉRONNIÈRE, Sénateur.

M. le PRÉFET DE LA HAUTE-VIENNE.

Mgr l'ÉVÊQUE DE LIMOGES.

M. le MAIRE DE LIMOGES.

M. de CARDAILLAC, Membre du Conseil général et chef de division au Ministère d'Etat.

Vices-Présidents :

M. ADRIEN DUBOUCHÉ, Négociant.

M. J.-B. BEAULIEU, Banquier.

Commissaires :

M. HENRY ARDANT, Fabricant de porcelaine.

M. TISSIER, Architecte.

M. DE GRAVES, Propriétaire.

M. CH. NIVET-FONTAUBERT.

Trésorier :

M. ADRIEN TARNEAUD, Banquier.

Secrétaire :

M. AMÉDÉE ALLUAUD, Fabricant de porcelaine.

Jury d'admission et d'achat :

MM. Pétiniaud-Dubos, Directeur de la Banque.
Jules Parant, Fabricant de porcelaine.
Eugène Thibaut, Propriétaire.
Alfred Dubreuil, Propriétaire.
Henry Nouailher, Propriétaire.
Blanchard, Docteur en médecine.

Jury d'admission pour l'Art céramique et pour les Récompenses à donner aux Artistes modeleurs et Peintres sur porcelaine :

MM. Dubois, Fabricant de porcelaine.
Redon, idem.
Sazérat, idem.
Donzel, Artiste peintre.
Farges, Décorateur sur porcelaine.
Dantreygas, idem.

Membres correspondants :

MM. Charles Donzel, Artiste peintre à Paris.
Des Termes, Maire à Bellac.
Henry Lemoyne, Propriétaire à St-Yrieix.
Tenant, juge à Rochechouart.
Massoulard, Maire à St-Léonard.
Thomassin, Notaire à St-Junien.
Camille Des Courrières, Prop[re] à Eymoutiers.

LISTE DES SOUSCRIPTEURS

ARRÊTÉE LE 1er MAI 1862.

MM.

Allélix.
Alluaud ainé.
Alluaud (Victor).
Alluaud (Amédée).
Ardant (Louis).
Ardant (Firmin).
Ardant (Henry).
Ardant du Majambost.
Ardant (Adolphe).
Ardant (Joseph).
Arnonville (d').
Astaix.
Aure (Comte de).

Bac (Théodore).
Bain.
Baignol (Evariste).
Barny.
Barny (Casimir).
Barraud (Auguste).
Barraud fils.
Barret.
Barluet.
Basset.
Batier.
Baze.

MM.

Beaulieu (J.-B.)
Beaulieu.
Beaulieu (Ferdinand).
Bernard.
Bertheaud (Évêque).
Berthoud.
Berthet.
Besse.
Bigorie (de Laschamps de)
Blanchard.
Blanchard.
Robin.
Bobry.
Boissou (d'Ecole).
Boudet (Charles).
Boudet (Adolphe).
Boudet (Victor).
Boudet (Edouard).
Boudet (Gabriel).
Boudet (Jules).
Bouillon (Jules).
Bourdeau.
Bouteilloux (Léon).
Bouville (Comte de).
Bort (Jules de).
Bort (Achille de).

MM.

Boyer.
Brugières.
Brunet.
Brousseaud.
Buisson des Lèzes.
Bureaud père.
Bureaud (Auguste).
Busson-Lavallière.

Caffin.
Cardaillac (de).
Cassin.
Chabrol.
Chabrol.
Chaisemartin.
Champagnac (François de).
Chapoulaud.
Chèzes (des).
Coëtlogon (Comte de).
Comeau (de).
Corret.
Compain.
Constantin.
Coux (Comte de).
Coudert.
Cramouzaud.

Dalesme (Général).
Daubrée.
Daudy.
Dalpeyrat.

MM.

David.
David.
Defaye.
Dechabacque.
Delor (Léon).
Delor (Louis).
Delor (Adrien).
Delor.
Deslouis.
Desisles.
Desgranges.
Desplaces.
Delage.
Debort.
Dérignac.
Descourrières (Hubert).
Descourrières (Henry).
Desmonts.
Desmonts.
Desmonts.
Desbordes (Eugène)
Delotte.
Deschamps.
Donzel.
Dubouché (Adrien).
Dubouché père.
Dubouché fils.
Dupuytrem.
Duraud.
Dubreuil.
Dubreuil
Duclou.

MM.

Duvert.
Dufreysseix.
Duboys.
Duboys (Henry).
Dumont-Saint-Priest.
Duchatelet.
Duqueyroix.
Duras.

Faure (Jules).
Fayette fils.
Farges.
Féray (Général).
Ferru (Mlle).
Fleurelle (de).
Fontaneau.
Fougères.
Fournet.
Fombelle.
Freyssinaud.
Francez.
Fruchaud (Evêque).

Gardel.
Gareaud (du).
Gaté.
Genesté.
Géry (Charles).
Géry. (Léon).
Gibus.

MM.

Guéronnière (Arthur, Vicomte de la).
Guéronnière (Charles de la).
Guéronnière (Marc de la).
Guibert (Alfred).
Guibert (Ferdinand).
Guibert (Oscar).
Guéry (jeune).
Guéry (ainé).
Graves (de).

Halary.
Haviland (David).
Haviland (Charles).
Harel.
Henry (Charles).
Henry fils.
Henry-Mallevergne.
Hervy.

Imbert-Laboisseille.
Isly (Duc d').

Jabet (Joseph).
Jabet (Edmond).
Jabet (Alexandre).
Juge.

MM.

Jouhanneaud.
Jouhanneaud.

Labesse.
Lacroix (Jules).
Lagrange.
Laboulinière (de).
Lafaye.
Lachaud.
La Font de Villers (Général).
Lageon.
Laporte (Albert).
Laporte (fils Alfred)
Laporte (Eugène).
Lajudie (de).
Lavergnolle (Louis).
Lavergnolle (Emile).
Latrille.
Larivière (Georges de)
Larivière (Octave de).
Lacouture (de).
Larombière (de).
Langle.
Lanternier.
Lardières.
Larue.
Lagorce (Mme).
Laroche.
Lamy (Jules).
Lamy (Octave).

MM.

Lamy (Théophile).
Lavie.
Lavareille (Amédée de).
Léobardy (Charles de).
Leroy.
Lesage.
Lesterp.
Lemoyne (Léon).
Lemas (Armand).
Lemas (Elie).
Lesmes.
Lezaud.
Lezaud (Albert).
Lezaud (Georges).
Leymarie.
Lostende (de).
Lot.

Macquard.
Malaud (Julien).
Marsounière (de la).
Malet.
Masdoumier.
Mallevergne (Président)
Malevergne (Alphonse)
Malès.
Marinier.
Marquet aîné.
Margaine.
Maurat-Ballange.
Maublanc (de)

MM.

Masbaraud.
Merlin (Mlle).
Michel (Henry).
Montbron (Comte, Auguste de)
Montbron (Joseph de).
Montbron (Henry de).
Montchoisy (de).
Montégut (Emile).
Montréal (Général de)

Nadaud.
Nauche.
Narjoux.
Nénert père.
Nénert (Alexandre).
Nexon (Baron de).
Nivet-Fontaubert.
Nivet-Imbert (Edouard)
Nivet (Armand).
Nivet (Georges).
Nicot.
Nouhailler (Armand).
Nouhailler (Henry).
Nouhailler (Adolphe).

Parant (Mme Veuve).
Parant (Mme Veuve).
Parant (Charles).
Parant (Jules).
Parant (Henry).
Parant (Anatole).
Parant (Arthur).

MM.

Parant (Léobon).
Paraud.
Pellet.
Péconnet (Othon).
Péconnet (Léon).
Pénicaud (Ernest).
Pétiniaud-Dubos (Charles).
Pétiniaud (Louis).
Pétiniaud (Frédéric).
Pétiniaud (Anatole).
Pétiniaud (Alfred).
Pétiniaud-Dubos.
Peyrusson père.
Pichon.
Pouyat (Emile).
Pouyat (Louis).
Pouyat (Eugène).
Pontbriant (de).
Poncet (Gabriel).
Poyet.
Pradeau (Henry).
Prungnat (Georges).

Ranson (Jules).
Ranson (Gabriel).
Rayet.
Reculès.
Regnault.
Redon.
Rogier.
Roulhac (de).
Roulhac.

MM.

Rogues de Fursac.
Romanet (Charles).
Rouher.
Roulet père.
Roulet fils.
Ruben (René).
Ruben.
Ruaud (Gustave).

Salles (Léonce de).
Salles (Mme Gustave de).
Salvanie (de la).
Savignac (de).
Savodin.
Sazérat.
Saint-Paul (Caley de).
Saint-Luc Courbarieu (de).
Saint-Poncy (de).
Saint-Pierre ([illegible]).
Sénémaud (Henry).
Sénémaud.
Servoix.
Sempé.
Soudanas.
Soubrebost.
Sourilas (Théophile).
Société Archéologique.

Tabaraud (Alfred).
Tarnaud père.
Tarnaud (Adrien).

MM.

Tarnaud (Firmin).
Tandeau de Marsat.
Taveau.
Talandier.
Talabot.
Tharaud (Isidore).
Thomas (Gabriel).
Thezillat (Charles de).
Thibaut (Eugène).
Thibaut (Sohet).
Thibaut (Charles).
Thévenin.
Thenède.
Thomassin.
Tixier-Lachassagne.
Tissier.
Tixier.
Tourteau (Oswald).
Tourniol.
Tunis.

Valade (Pierre).
Vandermacq.
Vandermacq.
Vanteaux (Psalmet de).
Valin.
Verrier.
Vieillard.
Viroles.
Videau.
Villemaine.
Vogt.

AVIS.

Toute personne qui désirera acheter un des ouvrages exposés, devra s'adresser au Secrétaire ou à l'Agent de la Société, qui lui donnera communication du registre sur lequel sont indiqués les prix fixés par les Artistes.

Explication des Signes et Abréviations.

C ✻, commandeur de l'ordre de la Légion-d'Honneur.
O ✻, officier — —
✻, chevalier. — —
Gr. Méd. d'Hon.; grande médaille d'honneur.
Méd. 1re cl.; médaille de première classe.
Méd. 2me cl.; idem. deuxième classe.
Méd. 3me cl.; idem. troisième classe.
Ment. Hon.; mention honorables, obtenues aux Expositions de Paris.

EXPLICATION

DES ŒUVRES

DE PEINTURE, SCULPTURE, DESSIN, GRAVURE

et des

OUVRAGES ARTISTIQUES

Exposés à la Galerie des Beaux-Arts, place Royale, le 1er Mai 1862.

ACHARD (Jean-Alexis), né à Voreppe (Isère). Méd. 3e cl. 1844-1845. Méd. 2e cl. 1848.

1 — Une Chaumière (Vue prise à Honfleur).

ANDRÉ (Jules), né à Paris, élève de M. Watelet. Méd. 2e cl. 1833. ✵ 1853, *rue de Laval, 17*.

2 — Les Bords de la Midouze (Landes), soleil couchant.

3 — Marais près Mont-de-Marsan (effet du matin.

ANTIGNA (Jean-Pierre-Alexandre), né à Orléans, élève de M. Paul Delaroche. Méd. 3e cl. 1847 et 1855. — Méd. 2^{e}

cl. 1848. — Méd. 1re cl. 1851. — ✵ 1859. *Quai Bourbon, 21 (île Saint-Louis).*

4 — Scène des Guerres civiles de la Vendée.

5 — Pauvre femme.

6 — La Descente.

7 — Loin du monde.

APPIAN (Adolphe), né à Lyon, élève de MM. Corot et Daubigny, *à Paris, rue Chaptal, 9.*

8 — Un Marais. — (Appartenant à M. Camille Lacoste.

ARMAND-DUMARESQ (Charles-Edouard), né à Paris, élève de M. Couture, *rue Laval, 33.*

9 — Une Charge en Fourrageurs (campagne d'Italie).

AUSSAUDON (Hippolyte), élève de MM. Horace Vernet, Gleyre et Pils, *rue de Vaugirard, 119.*

10 — Le Soir au Bas-Meudon.

11 — Une Embuscade.

12 — La Famille du Menuisier (dessin d'après Rembrandt : Musée du Louvre).

AUFRAY (Alphonse-Edouard), élève de MM. Tabar et Baudit, *rue des Dames, 10 (Batignolles)*.

13 — Paysage avec Animaux (Soleil couchant).

ACHENBACH (Oswald), né à Dusseldorf (Prusse), Méd. 3e cl. 1859.

15 — Marine (Appartenant à M. Pierre Cayron).

BARRIAS (Félix-Joseph), né à Paris, élève de M. Léon Cogniet. — 1er grand prix de Rome (Histoire) 1844. — Méd. 3e cl. 1847. — Méd. 2e cl. 1855. — Méd. 1re cl. 1851. — ✠ 1859. *Rue d'Amsterdam, 17*.

15 — Les Sirènes attendant le passage d'Ulysse.

BAUDIT (Amédée), né à Lyon (Rhône), élève de M. Diday, *rue Fontaine-Saint-Georges, 37*.

16 — Débarquement de bestiaux sur les bords du lac de Genève (Effet de Lune).

BEAUME (Joseph), né à Marseille (Bouches-du-Rhône), élève de Gros. — Méd. 2e cl. (Genre Historique) 1824. — Méd. 1re cl. 1827. — ✵ 1836. *Rue d'Enghien, 12.*

17 — Leçon de Danse.

BELLEL (Jean-Joseph), né à Paris, élève de M. Justin Ouvrié. — Méd. 1re cl. (Dessin) 1848. — ✵ 1860. *Rue du Faubourg-Montmartre, 42.*

18 — Vue prise à Tauves (Auvergne).

19 — Forêt de Chantilly.

20 — Route de Bathna (Algérie), Fusain.

BENTABOLE (Louis), né à Paris, élève de M. Eugène Isabey, *rue Pigalle, 22.*

21 — Une Plage (Souvenir du Vieux Calais).

BIDA (Alexandre), né à Toulouse (Haute-Garonne), élève de M. Eugène Delacroix. — Méd. 2e cl. (Dessin) 1848. — Méd. 1re cl. 1855. — ✵ 14 novembre 1855. *Rue Pigalle, 77.*

22 — Batchi-Bouzouk.

23 — Marchand de Pain.

BOUGUEREAU (William-Adolphe), né à La Rochelle (Charente-Inférieure), élève de M. Picot. 1er grand prix de Rome (Histoire) 1850. — Méd. 2e cl. 1855. — Méd. 1re cl. 1857. — ✻ 1859. *Rue Carnot*, 5.

24 — La Première Discorde.

BOURGOIN (Adolphe), né à Paris, élève de Paul Delaroche et de M. Léon Cogniet, *rue Fontaine-Saint-Georges*, 57.

25 — Portrait de Mgr Fruchaud, évèque de Limoges.

26 — Zouave racontant ses Campagnes (Pyrénées).

27 — Trois Sœurs (Souvenir d'Arles).

28 — Jeune Femme arrosant des Fleurs.

BRENDEL (Albert), né à Berlin (Prusse). — Méd. 3e cl. (Genre) 1857. *Rue des Martyrs*, 27.

29 — Moutons.

BRION (Gustave), élève de M. Gabriel

Guérin. Méd. 2e cl. 1853. *Rue Notre-Dame-des-Champs, 70 bis.*

29 *bis* — Le Grand-Père.

BRISSOT DE WARVILLE (Félix-Saturnin), né à Sens (Yonne), élève de M. Léon Cogniet, *au palais de La Malmaison, à Rueil.*

30 — Animaux au repos.

31 — Moutons.

32 — Paysage avec Animaux.

33 — Une Lisière de Forêt (appartenant à M. Nartigue).

BARATON (Mme), née à Limoges, élève de M. Henry Scheffer.

Portrait de Mlle Isabelle B.

Portrait de Mlle Constance Zyzniewska.

BATAILLE (Eugène), né à Grandville (Manche), élève de M. Léon Cogniet, *au palais de Versailles.*

34 — Le Chariot.

34 *bis* — Le Baiser.

BIARD (François), né à Lyon (Rhône), élève de M. Révoil. Méd. 2e cl. (Genre) 1827 et 1848. — Méd. 1re cl. 1836. — ✵ 1838. *Rue Marbœuf, 34, passage Gaillard, 10.*

35 — Comment on voyage dans les wagons de l'Amérique du Nord.

36 — Comment on voyage dans les forêts de l'Amérique du Sud.

BELLANGÉ (Eugène), né à Rouen (Seine-Inférieure), élève de MM. Picot et Hippolyte Bellangé. Ment. hon. 1861. *A Paris, rue de Douai, 57.*

37 — Dans les Blés (Zouaves de la Garde à Magenta).

38 — Une Épisode de Magenta.

39 — Une Culbute à Palestro.

BACHELIN, né à Neufchâtel (Suisse), élève de M. Couture, *Barrière de Clichy, 7.*

40 — La Convalescence à Milan.

41 — Mes Fleurs.

Ne craignez pas que ma main vous moissonne,
Vieux, je n'ai plus de bouquets à donner,
De vous mon front n'attend plus de couronne.

(BÉRANGER.)

42 — Vieux Môle (Golfe de Salonique).

43 — Parc de Versailles.

BARYE (Antoine-Louis), né à Paris, élève de Bosio et Gros. Méd. 1re cl. 1831. — ✵ 1833. — O. ✵ 1855. *Rue des Fossés-Saint-Victor, 15.*

44 — Tigre couché,
45 — Lion,
46 — Ours,
47 — Renne,

Aquarelles appartenant à M. Binder.

BRUN (Charles), né à Montpellier, élève de M. Picot, *rue Chabrol, 18.*

48 — La Prière (Constantine).

49 — Une Rue à Constantine.

BERTAUT (Mlle M.-H.), élève de MM. Giraud et Nanteuil, *boulevard des Martyrs, 11.*

50 — Abeilles, moucherons, alertes demoiselles
Se sauvant sous les jones du bec des hirondelles
Sur la main de Marie une veut se poser
Si bizarres d'aspect, qu'afin de l'écraser,
J'accourus ; mais déjà ma jeune paysanne
Par l'aile avait saisi la mouche diaphane
Et voyant la pauvrette en ses doigts remuée :

« Mon Dieu ! comme elle tremble ! oh ! pourquoi
[la tuer,
Dit-elle, et dans les airs sa bouche ronde et pure
Souffla légèrement la frêle créature
Qui, déployant soudain ses deux ailes de feu,
Partit, et s'éleva joyeuse et louant Dieu.
Bien des jours ont passé depuis cette journée,
Hélas !... ....

(MARIE, *Poésies de Brizeux.*)

BORIONE (Williams), *rue de la Chaussée-d'Antin, 27 bis.*

51 — Madame Dubarry (fusain).

52 — Julia (fusain).

BEAUMONT (Édouard DE).

53 — Le Jeune Armurier.

BOUTARD (Charles), *rue de Rochechouart, 67.*

54 — Victorien Sardou (médaillon bronze).

CHAIGNEAU (Ferdinand), né à Bordeaux (Gironde), élève de MM. Picot et Brascassat, *rue de Chabrol, 18.*

55 — Une Basse-Cour (appartenant à M. Nartigue).

56 — La Prairie.

CHAPLIN (Charles), né aux Andelys (Eure). — Méd. 3e cl. (Portrait) 1851 ; méd. 2e cl. 1852, *rue de Boulogne, 23.*

57 — La Peinture.

58 — L'Étude.

59 — Les Bulles de savon (dessin).

60 — L'Astronomie.

CHAVET (Victor), né à Aix (Bouches-du-Rhône, Élève de MM. Pierre Révoil et Roqueplan. — Méd. 3e cl. (Genre) 1853. — Méd. 2e cl. 1855. *Rue de Laval, 12.*

61 — Arlésiennes.

COROT (J.-B.-Camille), né à Paris, élève de Victor Bertin. — Méd. 2e cl. (Paysage), 1833. — Méd. 1re cl. 1848 et 1855. — ✠ 5 juillet 1846. *Rue du Paradis-Poissonnière, 58.*

62 — Paysage (Bretagne).

63 — Paysage (près Morfontaine).

64 — Une figure.

65 — Orphée et Eurydice.

66 — La Toilette.

CURZON (Paul-Alfred DE), né à Poitiers (Vienne), élève de Drolling et de M. Cabat. — Méd. 2e cl. (Paysage), 1857, *Rue Notre-Dame-des-Champs, 54.*

67 — Environs de Civitta Castellana.

68 — Gardeurs de Buffles dans les Marais pontins.

69 — Le Tasse à Sorrente.

Égaré par son imagination maladive, il s'était enfui de Rome. Il arrive chez sa sœur déguisé en paysan, et lui présente une lettre où il se dit dans le plus grand danger. De douleur, Cornélie va tomber évanouie. Tasse jette son manteau, se fait reconnaître et la retient dans ses bras.

COUDER (Alexandre), né à Paris, élève de M. Gros. — Méd. 3e cl. (Histoire et Genre), 1836. ✠ 12 août 1853, *rue de Varennes, 18.*

70 — La Perruche.

71 — Fleurs et Fruits.

72 — Gibier.

CHEVRIER (Jules), né à Chalons-sur-Saône, élève de M. Couture, *place de Bône, à Châlons-sur-Saône.*

73 — Les deux Voisines (Scènes de Bresse).

CLÈRE (Georges), né à Nancy, élève de Rude. — Ment. hon. 1861, *rue de Laval, 55.*

74 — Le Chancelier d'Aguesseau (buste plâtre).

CELLIER (Paul), né à Paris, élève de M. Picot, *rue Fontaine-Saint-Georges, 21.*

75 — Le Peloton de laine.

CAUDRON (Jules), né à Paris, élève de David d'Angers, *place Pigalle, 4.*

76 — Une rue de Pêcheurs à Cayeux.
77 — Mousses de Cayeux.
78 — Intérieur de Pêcheurs à Cayeux.

CHOLLOT (Benoît), né à Lyon, élève de M. Picot, *rue Hauteville, 55.*

79 — Tête de jeune Fille.

COOMANS (Joseph), né à Bruxelles, *rue Pigalle, 77.*

80 — La Rêverie.

CAIL (Léon-Emile, élève de Léon Cogniet, *rue de l'Est, 33.*

81 — Premier Chagrin.

CAUDRON (Eugène), *place Pigalle, 4.*

82 — La Naissance de Vénus.

COUTURIER (Philibert-Léon), né à Châlons-sur-Saône, élève de MM. Couturier et Picot. — méd. 3e cl. (Animaux) 1855.

83 — Une Basse-Cour.

COGNIET (Léon), membre de l'Institut, O. ✻, *rue de Lancry, 55.*

84 — Bataille du Mont Thabor.

85 — Édie Ochiltrie (Walter-Scott).

86 — Le Rêve (Dessin).

DAUBIGNY (Charles-François), né à Paris, élève de son Père et de Paul Delaroche. Méd. 2e cl. (Paysage) 1848. — Méd. 3e cl. 1855. — Méd. 1re cl. 1853. — Rappel 1re Méd. 1857. — 2e Rappel 1859. — ✻ 1859. *Quai d'Anjou, 15.*

87 — Lever de Lune.

88 — Paysage en Normandie (Appartenant à M. Martet).

89 — Paysage de Basse-Normandie (Appartenant à M. Cayroux).

DELACROIX (Eugène), né à Charenton (Seine), élève de M. Pierre Guérin, Méd. 2e cl. 1824. — Méd. 1re cl. 1848. — ✵ 1831. — O. ✵ 1846. — G. ✵ 1855. — Membre de l'Institut 1857, *rue de Furstemberg, 6.*

90 — Hercule arrache Alceste aux Enfers et la rend à Admète, son époux, pour qui elle s'était dévouée à la mort.

DESHAYES (Eugène), né à Paris, élève de son Père, *rue Fontaine-St-Georges, 39.*

91 — Paysage (Hollande).

92 — Paysage (Hollande).

DESJOBERT (Louis-Rémi-Eugène), né à Châteauroux, élève de Jolivard et de M. Aligny. Méd. 3e cl. 1855. *Rue de l'Est, 17.*

93 — Vue prise à St-Clément's-Bay (Ile de Gersey).

DIAZ DE LA PENA (Narcisse-Virgile), né à Bordeaux. Méd. 3e cl. 1844. — Méd. 2e cl. 1846. — Méd. 1re cl. 1848. — ✠ 1851. *Place Pigalle*, 8.

94 — Le Bas-Bréau (Forêt de Fontainebleau).

95 — La Caresse de l'Amour.

96 — Le Réveil de Jésus.

97 — Charité.

DONZEL (Charles), né à Besançon, *rue des Martyrs*, 33.

98 — Les Ruines du château de Chalusset (effet du matin).

99 — Les Planches du Poirier (Taurion).

100 — Souvenirs des bords de la Vienne (effet du matin).

101 — Soleil couchant (bords du Taurion).

DUBOUCHÉ (Adrien), né à Limoges.

102 — Vue prise à Lespinasse en Limousin (fusain).

103 — Bords de la Vienne à La Gabie (fusain).

104 — La Charente à Jarnac (fusain).

105 — Vue prise à Cauteretz, appartenant à Mme Duras (Fusain).

106 — Les bords de la Charente, à Jarnac. (Fusain.)

DUPRÉ (Jules), né à Limoges. — Méd. 1re cl. 1840, ✻ 1842, *à l'Ile-Adam (Seine-et-Oise)*.

107 — L'Abreuvoir (environs de l'Ile-Adam).

DUPRÉ (Victor), né à Limoges, élève de son frère. — Méd. 3e cl. 1849, *rue de la Tour-d'Auvergne, 35*.

108 — Bords de l'Oise.

109 — Environs de l'Ile-Adam.

110 — Route à Argenton.

111 — Entrée de Forêt.

DUVERGER (Théophile-Emmanuel), né à Bordeaux, *à Écouen (Seine-et-Oise)*.

112 — La Toilette (appartenant à M. Brindemburg).

DUVIEUX.

113 — Constantinople.

114 — Constantinople.

DANA (William), né à Boston (Etats-Unis), élève de MM. Picot et Lepoitevin.

115 — Vue prise dans une ferme, à Étretat.

EARL.

117 — Le Batoniste (tête de chien).

118 — Le Bon Enfant (tête de chien).

ESCALLIER (Mme), née à Poligny (Jura), élève de Ziégler, *boulevard Mont-Parnasse*, 25.

119 — Fleurs.

120 — Iris (fleurs).

121 — Rose Tremière.

FANARD (Antonin), né à Besançon, élève de M. Diday, *rue Neuve*, 6, *à Besançon*.

122 — Crépuscule dans la plaine des Rocailles.

FAUVEL (Hippolyte), né à Amiens, élève de M. Yvon, *rue Notre-Dame-des-Champs*, 58.

123 — La Vallée de Guandon (Bretagne).

124 — Verger de Pen-Amenhé (Bretagne).

125 — Le Gave de Beast (près les Eaux-Bonnes).

FLANDRIN (Paul), né à Lyon, élève de M. Ingres. — Méd. 2e cl. 1839. — Méd. 1re cl. 1847. — ✵ 1852. *Rue de l'Abbaye*, 5.

126 — Bords du Gardon.

127 — Le Nid de l'Aigle (Fontainebleau),

FLERS (Camille), né à Paris, élève de M. Paris. — Méd. 3e cl. 1840. — Méd. 2e cl. 1847. — ✵ 1849. *Rue de Chabrol*, 22.

128 — Paysage en Normandie.

129 — Paysage en Normandie (appartenant à M. Brindemburg).

FORTIN (Charles), né à Paris, élève de MM. Roqueplan et Beaume. — Méd.

1re cl. 1849. — ✵ 1862. *Rue Neuve-Bréda, 29.*

130 — Un Fumeur breton.

FRANÇAIS (François-Louis), né à Plombières, élève de MM. Gigoux et Corot. Méd. 3e cl. 1841. — Méd. 1re cl. 1848-1855. — ✵ 1853. *Rue Carnot, 3.*

131 — Une Matinée d'Automne (environs de Paris).

FRÈRE (Pierre-Édouard), né à Paris, élève de M. Paul Delaroche. — Méd. 3e cl. 1851. — Méd. 2e cl. 1852. — ✵ 1855.

132 — La Curieuse.

FRÈRE (Théodore-Charles), né à Paris, élève de MM. Roqueplan et J. Cogniet. M. 2e cl. 1848. *A Montmorency (Seine-et-Oise).*

133 — Intérieur de Boutique Turque.

134 — Rue Makcé (au Caire).

135 — Fuite en Égypte.

136 — Sainte Famille.

FERRU (Félix), né à Limoges, élève de l'école des Beaux-Arts et de M. Salmson, *rue des Taules, à Limoges.*

137 — Vue prise au pont Saint-Étienne (Limoges).

138 — Mme Salmson (buste plâtre, projet de marbre).

139 — L'Amour Escamoteur (esquisse, projet de marbre).

FRENNE (Émile DE), né à l'Ile-à-Marly-le-Roi, près Versailles.

140 — Enterrement d'un vieux Soldat légionnaire à l'hôtel des Invalides.

141 — La salle des Brasseurs à Anvers.

FLEURY (Édouard), *rue Bergère, 9.*

142 — Fruits.

GAUTHIER (Léon), né à Paris, élève de Mauzaisse et de M. Picot, *rue Miroménil, 4.*

143 — Un Radeau sur la rivière de Guayaquil, Marchand de Fruits (Equateur).

GIACOMETTI (Félix-Henry), né à Quingey

(Doubs), élève de M. Picot. — 1er grand prix de Rome (Histoire) 1854, *à Rome, Académie de France.*

144 — Nymphes et Satyres.

145 — L'Amour se désaltère.

GLAIZE (Auguste-Barthélémy), né à Montpellier (Hérault), élève de M. E. Deveria. Méd. 3e cl. (Histoire) 1842. Méd. 2e cl. 1844, 1848 et 1855. — Méd. 1re cl. 1845. — ✠ 1855. *Rue de Vaugirard, 119.*

146 — La Rieuse.

GUÉRARD (Amédée), né à Sens (Yonne), élève de M. Picot, *rue Fontaine-Saint-Georges, 37.*

147 — Les deux Mamans.

148 — Une partie de Main-Chaude.

GUET (Edmond), élève de M. Yvon, *rue Notre-Dame-des-Champs, 58.*

149. — Le Chaumage.

150. — Paysans surpris par l'orage (environs de Meaux).

GRANDFILS, (Laurent), né à Paris, élève de Ramey et de Dantan, *route de Versailles, 16 bis (Auteuil)*.

151 — Jeune enfant endormi (marbre).

GARIN (J.-B.-Joseph-Léon, élève de MM. Picot et Yvon, *rue Oudinot, 23*.

152 — La mort de Lesueur aux Chartreux (1655).

GROISEILLIEZ (Marcelin), né à Paris, élève de M. Pasini, *rue d'Amsterdam, 52*.

153 — Vue prise à Awelghem (Belgique).

GIROUX (Achille), *boulevard Montmartre, 8*.

154 — Etude de cheval.

GASSIES, chez MM. Deforges et Carpentier.

155 — Les Chiens du Garde.

156. — Le Gagnage.

GRENET (Dominique). Ment. hon. 1857 et 1859. *Rue Paugnat-Villejuif*.

157 — Fruits.

158 — Chiens chassant (Forêt de Fontainebleau.

159 — Une rue à Montigny (Seine-et-Marne).

HAMMAN (Édouard), né à Ostende (Belgique). Méd. 3e cl. (Genre Hist.) 1853, 1855.

167 — La Gondoletta (Scène Vénitienne).

168 — Première Épisode de la Journée des Dupes, 11 novembre 1630.

Le cardinal de Richelieu surprend Lous XIII et Marie de Médicis réunis en conseil secret pour décider de son éloignement.

Complètement disgracié dans cette entrevue, le cardinal était, le lendemain, plus puissant que jamais, et la reine-mère et son parti définitivement perdus.

HAMON (Jean-Louis), né à Plouha (Côtes-du-Nord), élève de MM. Paul Delaroche et Gleyre. Méd. 3e cl. (Genre) 1853. — Méd. 2e cl. 1855. — ✠ 14 novembre 1856. *Rue de l'Ouest, 56.*

169 — L'Espérance.

Ne pourrons-nous jamais,
Sur l'Océan des âges,
Jeter l'ancre un seul jour.

(DE LAMARTINE.)

HANOTEAU (Hector), né à Decize (Nièvre), élève de M. Gigoux, *rue Notre-Dame-des-Champs, passage Stanislas, 11.*

170 — Les Bords de la Landarge (Nièvre).

171 — Une Cour (à Auvers-Oise).

172 — Le Battage des Grains.

HARPIGNIES (Henry), né à Valenciennes (Nord), élève de M. Achard, *rue des Beaux-Arts, 17.*

173 — Bords du Tibre (Rome).

174 — Un Vieux Domaine (Nièvre).

HÉDOUIN (Edmond), né à Boulogne (Pas-de-Calais), élève de Paul Delaroche et de M. Célestin Nanteuil. Méd. 3e cl. (Genre) 1855. — Méd. 2e cl. 1848, rappel 1857. *Rue de l'Université, 58.*

175 — Colporteurs Espagnols.

HILMACHER (Eugène-Ernest), né à Paris, élève de M. Léon Cogniet. Méd. 3e cl. (Genre) 1848. — Rappel 1857. — Méd. 1re cl. 1861. *Rue Lafayette, 34.*

176 — Les Bords de la Seine (Ericy, près Fontainebleau).

HEINTZ (Jules), né à Hambourg (Ville Anséatique), élève de M. E. Isabey, *chemin de Rome de la barrière Blanche*, 7.

177 — Bains de Saint-Valery (en Caux).

HOSTEIN (Edouard), né à Pléhédel (Côtes-du-Nord). Méd. 3e cl. (Paysage) 1835. Méd. 2e cl. 1837. — Méd. 1re cl. 1841. — ✻ 5 juillet 1846. *A Versailles, rue Saint-Médéric*, 7.

178 — Environs de Nantes.

179 — Rivière ombragée en Vendée.

HOURY (Charles), né à Loignies (Belgique), élève de M. Léon Cogniet, *rue de Rocroy*, 14.

180 — La jeune Mère (Dessin).

HUGUES (Victor-Louis), né à Bordeaux (Gironde), élève de M. Gleyre, *rue d'Amsterdam*, 23.

181 — Une Ferme aux environs de Chevreuse.

HAUSSY (Arsène D'), né à Paris, élève de Lazerges, *rue Mazarine*, 20.

182 — Basse-Cour (Oies et Canards).

183 — Mauvais Temps.

HUBER, *rue Doudauville*, *57*, *Paris.*

184 — Déjeuner de Bohémiens, près Saint-Léonard).

185 — Blanchisseuses à Saint-Léonard).

HÉBERT (Paulin), *rue de Lancry*, *7.*

186 — Tête de jeune Fille.

187 — La Cueillette.

HAGMANN (Godefroid DE), né à Naples, *rue Pètrelle*, *13*, élève de Palizzi.

188 — Une Cour à Marlotte.

HOLTEZAPFFET.

189 — Le Retour.

ISABEY (Louis-Gabriel-Eugène), né à Paris, éléve d'Isabey père. Méd. 1re cl. (Genre Marine) 1824, 1825 et 1855. — ✵ 1832. — O. ✵ 1855. *Rue de Laval*, *26*, *avenue Fronchot.*

190 — Intérieur de Port à Marée-Basse.

JACQUAND (Claudius), né à Lyon (Rhône), élève de MM. Fleury, Richard et de l'école de Lyon. Méd. de 2e cl. (Genre Hist.) 1824. — Méd. 1re cl. 1836. — ✠ 5 mai 1839. *Faubourg St-Honoré, 127.*

191 — Le Bandit des Abruzzes.

JACQUE (Charles-Emile), né à Paris, Méd. de 3e cl. (Gravure) 1849. *Rue de Laval, 9.*

192 — Moutons (appartenant à M. Bigourdan.

JANDELLE (Eugène), né à Paris, élève de MM. Paul Delaroche et Diaz, *quai de La Tournelle, 37.*

193 — Nymphe à sa toilette.

JEANRON (Philippe-Auguste), né à Boulogne (Pas-de-Calais), élève de M. Souchon. — Méd. 2e cl. (Genre hist. 1833. — ✠ nov. 1855. *Pourtour du Théâtre de Grenelle, 5.*

194 — Le jeune Peintre.

JONCKIND.

195. — Clair de Lune.

KELLER (DE).

196 — La bonne Mère, appartenant à M. A. D.

LAUGÉE (Désiré-François), né à Marommes (Seine-Inférieure), élève de M. Picot. Méd. 3e cl. (Genre Hist.) 1851. — Méd. 2e cl. 1855. *rue de l'Oratoire, 13.*

197 — L'Assaut.

LECONTE DE ROUJOU, (Louis-Auguste-Gabriel), né à Blois (Loire-et-Cher), élève de M. Gigoux, *place Ventimille, 6.*

198 — Champ de bataille de Montebello.

199 — Le Vieux marché à Florence.

LEGENTILE (Victor), né à Paris. Méd. 3e cl. (Paysage) 1853. *Rue de Latour-d'Auvergne, 33.*

200 — Bords du Taurion.

201 — Moulin de Villard, près Pontarion.

202 — St-Victurnien (Haute-Vienne).

LEMARCHAND (Mme A.), née à Paris, élève de M. Yvon, *rue d'Arras*, 28.

203 — Gibier et Fruits.

204 — Fleurs.

LENEPVEU (Jules-Eugène), né à Angers, élève de M. Picot, 1er grand prix de Rome. Hist. 1847. — Méd. 3e cl. 1847. Méd. 2e cl. 1855. *Chemin de ronde de la Barrière-Blanche*, 7.

205 — L'Amour piqué (*Ode d'Anacréon*).

206 — Molière faisant l'aumône.

LÉVY (Émile), né à Paris, élève de MM. Abel de Pujol et Picot. 3e 1er grand prix de Rome (Hist.) 1854. — Méd. 3e cl. 1859. *Rue de Larochefoucauld*, 64.

207 — Le jeune enthousiaste.

LUMINAIS (Évariste), né à Nantes, élève de M. Léon Cogniet. — Méd. 3e cl. (genre et paysage) 1852 et 1855. — Rappel 1857. *Rue de Laval*, 26, *avenue Frochot*.

208 — Le Rendez-vous de Chasse, peinture décorative (appartenant à M. L. F.)

209 — Grande Sœur et Petit Frère.
210 — Le Passage du Gué.
211 — Le Défaut.
212 — La Sortie de l'École (appartenant à M. A. D.)

LETRONE (Ludovic), né à Bonnetable (Sarthe), élève de MM. Suam et Théodore Rousseau, *à Triboul près d'Ouarnenez (Finistère).*

213 — Une Lande (crépuscule).
214 — Barque échouée à marée basse.
215 — Intérieur.

LEROUX (Alexandre), né à Paris, élève de M. Delaroche, *rue de Rochechouart, 70.*

216 — La Dernière Visite (appartenant à M. E. Delessert).

LE MORE (Paul), élève de M. Couture, *rue Blanche, 84.*

217 — Whiskey (cheval de pur sang).
218 — Groom sellant son cheval.
219 — Le Trot volant.

LE PIPPRE, élève de MM. Couture et Armand Dumaresq, *rue Pigalle, 37.*

220 — Sentinelle prenez-garde à vous!

221 — Une Chasse au Renard dans les carrières de Saint-Gerbold.

222 — La Promenade.

LE ROY (Étienne), né à Paris, élève de M. Picot, *rue Turgot, 31.*

223 — La Prière.

224 — La mauvaise Nouvelle.

225 — Femme faisant de la Tapisserie.

LEGRAS (Auguste), né à Périgueux, élève D'Ary Scheffer. — Méd. 3e cl. 1857. *Chemin de ronde de la barrière de Clichy,* 7.

226 — La Fille aux Oiseaux.

Une jeune montagnarde grimpait la pente escarpée qui conduisait à la Roche-Verte, et cette enfant marchait littéralement dans une nuée d'oiseaux qui voltigeaient autour d'elle.

(TEVERINO. GEORGES SAND.)

LOBEDEZ (Charles - Auguste), élève de M. Souchon, *rue de l'Est, 33.*

227 — Un Calvaire en Belgique.

228 — Intérieur de Sacristie.

229 — La Berceuse.

230 — La petite Bohémienne.

LANDELLE (Charles), né à Laval, élève de Paul Delaroche. — Méd. 3e cl. **1842.** — Méd. 2e cl. 1847. — Méd. 1re cl. 1848. — ✵ 1855. *Rue des Batailles*, **17.**

231 — Étude de femme juive.

Les femmes de Jérusalem captives à Babylone.

« Nous nous sommes assis sur les bords des fleuves de
» Babylone, et là nous avons pleuré en nous souvenant
» de Sion.

» Nous avons suspendu nos instruments de musique aux
» saules qui sont au milieu de cette contrée.

» (DAVID, PS... »)

MARCHAL (Charles-François), né à Paris, élève de MM. Drolling et François Dubois, *rue Pigalle*, 77.

232 — Une Veuve.

MARCKE (Van-Émile), né à Sèvres, élève de M. Troyon, *à la manufacture de Sèvres.*

233 — Vaches au Pâturage.

MARTIN, né à Bordeaux, élève de M. Sigalon, *rue du Faubourg-Poissonnière, 130.*

234 — La Descente.

MATOUT (Louis), né à Charleville. Méd. 3e cl. 1853. — ✻ 1857. *Passage Stanislas, 11.*

235 — Dessin.

MEISSONNIER (Jean-Louis-Ernest), né à Lyon, élève de M. Léon Cogniet, Méd. 3e cl. 1840. — Méd. 2e cl. 1841. — Méd. 1re cl. 1843. — Grande méd. d'honneur 1855. — ✻ 1846. — O. ✻ 1856. *A Poissy (Seine-et-Oise).*

236 — Intérieur d'un Corps-de-Garde (Dessin), appartenant à M. Marchal.

MÉLIN (Joseph), né à Paris, élève de P. Delaroche. — Méd. de 3e cl. (Histoire) 1843 et 1855. Méd. 2e cl. 1845. — Rappel 1857. *Chaussée du Maine, 93.*

237 — Une Chienne, race Anglaise.

MÉNARD (René), né à Paris, élève de MM. Troyon et Jules Dupré, *rue St-Jacques, 328.*

238 — Chemin creux, à Augères.

239 — Vaches normandes se rendant au pré.

MEYNIER Jules-Joseph, né à Paris, élève de M. Paul Delaroche et de MM. Gleyre et Bridoux, *rue du Rocher, 45.*

240 — La pauvre Mère.

241 — Episode du Massacre des Innocents.

MONTFALLET (Adolphe-François), né à Bordeaux, élève de MM. Drolling, Picot et Yvon, *rue de Sèvres, 89.*

242 — La Consultation.

MONGINOT (Charles), né à Brienne-Napoléon (Aube), élève de M. Couture, *rue St-Pétersbourg, 3.*

243 — Fruits et Gibiers.

244 — Singe et Chats. Appartenant à M. A. D.

MALAPEAU (Charles-Louis), né à Paris,

Méd. 3e cl. 1843. *A Moret (Seine-et-Marne.)*

245 — Nature morte. Légumes.

MAUSSION (Mlle DE), *rue des Bons-Enfants, 24, Paris.*

246 — Suzanne au bain, d'après Santerre, Porcelaine.

247 — Mme Lebrun, d'après elle-même, Porcelaine.

248 — Tête d'enfant (porcelaine).

MEYER (Alfred), élève de M. Picot, *à la Manufacture impériale de Sèvres.*

249 — Vénus et l'Amour, d'après Raphaël.

Peintures sur cuivre émaillé, genre Limousin du XVIe siècle.

MATHIEU (Auguste), né à Paris, *rue Chaptal*, 15.

250 — Souvenir de Picardie.

251 — Eglise de Bournoncle (Auvergne).

MOREAU (Nicolas), à l'Ile-Adam.

252 — Le Repos.

253 — Chevaux de labour.

MOUCHOT (Louis), *rue des Beaux-Arts*, 17.

254 — Vue prise sur le Calig (au Caire).

255 — Les Colosses de Memnon (Thèbes).

256 — Village près des Pyramides.

MARTIN (Hugues), né à Bordeaux.

257 — Bataille des Cimbres.

258 — Un Parc.

259 — Une Marche dans le désert.

260 — Lisière de Bois.

MARTINUS, né à Amersfont (Pays-Bas), *rue Campagne-Première*, 3.

261 — Une Louve prenant un Brocard.

MAROHN.

262 — Jeune Paysanne portant le dîner aux Laboureurs.

263 — Le Retour.

MACQUART, *rue Haute-Vienne*.

264 — Vue de Rheims.

265 — Vue du moulin de la Garde (Dessin).

266 — Vues dans le Tyrol.

267 — Un Quatuor d'amateurs.

MARTIN, sculpteur, à Limoges.

Vénus au bord de l'eau, } Statues plâtre.
Pêcheur, }

NIVET-FONTAUBERT (Mme), née à Limoges.

268 — Harmonie.
268 *bis* Le Billet, appartenant à M. Donzel.
269 — L'Attente.
270 — Idille.
271 — La femme au bénitier.
272 — Sortie du parc, appartenant à M. Dubouché.
273 — Paysage.
274 — Deux écrans, appartenant à M. Rossini.

OUDINOT (Achille), élève de M. Corot, *rue de Clichy*, 102.

275 — Bords de l'Orne (tableau ovale).
276 — Le Soir, entrée des moutons.
277 — Bords de rivière.

OUVRIÉ (Pierre-Justin), né à Paris, élève de M. Abel de Pujol. (Méd. 2e cl. 1831. — Méd. 1re cl. 1843, 1855. ✵ 1854. *rue de Douai, 49*.

5..

278 — Sommerset-House et St-Paul.

279 — Le Montblanc.

PALIZZI (Joseph), né à Naples. — Méd. 2e cl. 1848. ✠ 1859. *Rue d'Amsterdam, 71.*

280 — Pâturage en Normandie, appartenant à M. Camille Lacoste.

PAPELLU (Victor), né à Gand. *Quai Malaquai, 21.*

281 — Vue prise à Bougival. (Les pêcheurs).

282 — Effet du matin.

283 — La culture dans les Landes.

M. PASINI (Albert), né à Parme, élève de M. Ciceri. — Méd. 3e cl. 1859. *Rue de Douai, 22.*

284 — Une chasse au faucon, en Perse.

285 — Un moulin à farine, au Caire.

PATERNOSTRE (Louis), né à Bruxelles, élève de M. Picot. *Boulevard de Clichy, 7.*

286 — En Avant, portrait équestre (appartenant à M. F. de H.)

287. — Vedettes, souvenir de la campagne d'Italie.

288 — Intérieur, cheval de trait.

289 — Intérieur, cheval anglo-normand. (Appartenant à M. le comte de G.)

PÉCRUS (Charles), né à Limoges. *Place du Théâtre 4.* (Montmartre),

290 — Femme jouant de la Mandoline.

291 — Femme prenant un verre d'eau.

PELLETIER (Joseph-Laurent). Méd. 3e cl. 1841. — Méd. 2e cl. 1846. *Rue de l'Empereur, 55.*

292 — Vue du Lac de Brientz.

293 — Cascade, en Suisse.

PENNE (Charles-Olivier de), né à Paris, élève de Léon Cogniet. *A Barbison (Seine-et-Marne)* Grand prix de Rome, 1857.

294 — L'Entrée du Bas-Bréau. (Forêt de Fontainebleau.)

295 — Un Chemin creux, en Picardie.

PEZOUS (Jean), né à Toulon, élève de Victor Orsel. *Rue de M. le Prince, 22.*

296 — La Partie de cartes.

297 — La Promenade.

298 — Le Lavoir.

PLASSAN (Antoine-Emile), né à Bordeaux. Méd. 3e cl. 1852. ☼ 1859. *Rue du Bac, passage Ste-Marie, 11.*

299 — La Toilette.

PROTAIS (Alexandre-Paul), né à Paris, élève de M. Desmoulins. *Rue de Douai, 69.*

300 — La Dernière pensée.

301 — Une Marche de Zouaves.

PUVIS DE CHAVANNES (Pierre), né à Lyon, élève d'Ary Scheffer et de M. Couture. *Rue Pigalle, 77.*

302 — La Fille d'Hérode donne le signal du supplice de saint Jean-Baptiste.

303 — Julie, fille d'Auguste, rentrant dans son palais, est surprise par des soldats.

PÉTINIAUD-DUBOS (Charles), né à Limoges, élève de MM. Picot et Drolling.

304 — Intérieur de cour.

305 — Le Chemin creux.
306 — Bords de la Vienne.
307 — Les Nouvelles de la ville.
} Dessins.

PUYROCHE-WAGNER (Madame Elise), à Lyon. *Avenue de Nouailles, 40.*

308 — Fleurs exotiques dans un vase.

PALLIÈRE (Léon), né à Rio de Janeiro, élève de Picot. *Rue Fontaine St-Georges, 19 bis; rue de St-Pierre-de-Rome et du Château-St-Ange, à Rome* (aquarelle).

309 — Intérieur de Cathédrale, à Gênes (aquarelle).

POCHON (Ernest), élève de M. Brun. *Rue Oudinot, 23.*

310 — Poules aux champs.
311 — Petit marais.

POLLET (Victor), né à Paris, élève de Paul Delaroche et de Richomme. 1er grand prix de Rome. Gravure 1838. Méd. 3e cl. 1845. Méd. 1re cl. 1847 ✠ 1855. *Rue de Laval, 9.*

312 — Tête d'étude aquarelle, appartenant à M. A. D.

RICHARD-CAVARO (Charles), né à Véronne, élève de M. Ingres et Léon Cogniet. *Rue de Grenelle, 54.*

313 — La Grappe de raisin (souvenir de Sorinto.)

RICHOMME (Jules), né à Paris, élève de M. Drolling. Méd. 3e cl. 1840. 2e cl. 1842. *Rue Taranne, 11.*

314 — Jeune Femme lisant.

ROBBE (Louis), né à Courtrai. Méd. 3e cl. 1844. Méd. 2e cl. ✵. *Boulevard Montmartre, 8.*

315 — Fleurs, appartenant à M. Rieunier.

ROUSSEAU (Philippe), né à Paris, élève de Gros et de Bertin. Méd. 3e cl. 1845. 1re cl. 1848. ✵ 1852. 2e cl. 1855. *Rue de Laval, 26.*

316 — Basse-Cour.

RUDDER (Henri de), né à Paris, élève de

Gros et Charlet. *Boulevard des Invalides, 12*, Méd. 2e cl. 1848.

317 — Nicolas Flamel.

318 — Berger des Abruzzes. (Dessin.)

RICARD (Gustave-Louis), né à Marseille. Méd. 2e cl. 1851, Méd. 1re cl. 1852. *Rue Duperet, 4.*

319 — Fragment de la bacchanale du Titien. (Musée de Madrid.)

320 — Portrait de M. Arthur Begneirs.

321 — Petit Pâtre tenant une flûte.

RHEM (Edouard), né à Maromme (Seine-et-Oise), élève de M. Pasini. *Rue Duperet, 17.*

322 — Nature morte.

323 — Nature morte.

RICHARD. *Rue de Varennes, 18.*

Intérieur de ferme.

324 — Paysage.

RICHARD (Pierre-Louis). *Rue Capron, 35, Batignolles.*

Le Soir, Ste-Famille.

325 — Soldat blessé. — Souvenir d'Italie.

326 — Chagrin.

RAMUS (Edouard), né à Paris, élève de l'école des Beaux-Arts. *A Montfermeil* (Seine-et-Oise.)

327 — Gravures.

REVERCHON, graveur en Camées. *Rue de l'Oratoire, 26, cité Odiot.*

328 — Le maréchal Randon.

329 — Le comte de Morny.

430 — M. Billaut.

331 — M. Jules Favre.

332 — M. Lachaud.

333 — M. Guizot.

334 — M. Jules Janin.

335 — M. Arsène Houssaye.

336 — Le Christ.

SALMON (Théodore), élève de M. Paris, né à Paris, *6, Rue des Bois-Belleville.*

337 — La Gardeuse de dindons, appartenant à M. Pierre Cayron.

SEIGNAC (Paul), né à Bordeaux, élève de M. Picot. *Rue de Paris, 18, à Sarcelles* (Seine-et-Oise).

338 — La Leçon de lecture.

SCHIERS (Mademoiselle), élève de MM. Léon Cogniet, Paul Flandrin et de Mademoiselle Durand.

339 — La Vierge au lapin, d'après le Titien, porcelaine.

SCHROEDER (Louis), né à Paris, 66. *Rue Vaugirard*, élève de MM. Rudde et Dantan aîné.

340 — Le Matin, buste-marbre.

SCHNEIDER (Louis-Amable), élève de Drolling. Méd. 3e cl., gravure. *Rue du Four-St-Germain*. (Paris).

341 — La Clairière.

342 — Bouleau et bruyères.

SERMENSAY (Mademoiselle Elmine), élève de Léon Cogniet. *Rue du Four*, 54.

343 — La Séparation.

344 — Pifferari.

SAUZAY (Adrien), élève de MM. Pasini et de Jules André. 19, *rue Mazarin*.

345 — Un Labourage.

SALABERT (Firmin), né à Paris.

346 — Entrée du château du Président Fabre (Savoie).

SOULIÉ (Antoine), né à Tulle.

347 — Salle d'asile appartenant à Madame la comtesse de Vallon.

348 — Nature morte. Pastel, appartenant à M. Mathieu Bovié.

SCHNEIT (Achille-Hubert), né à Paris, élève de MM. Coudert et Picot.

349 — Buse, homard et légume.

350 — Chevreuil et lièvre.

TABAR (François-Germain-Léopold), né à Paris, élève de Paul Delaroche. *Rue Capron*, 55. (Batignolles.)

351 — Phryné devant les juges.

352 — Salvator-Rosa chez les brigands.

TISSOT (James), né à Nantes, élève de M. Flandrin. *Rue Bonaparte*, 39.

353 — Les Vêpres.

TOURNEMINE (Charles-Emile de), né à Toulon, élève de M. Eugène Isabey. ✵ 1853. *Palais du Luxembourg.*

354 — Un Café en Asie mineure, appartenant à M. A. D.

TROYON (Constant), né à Sèvres, élève de M. Riocreux. Méd. 3e cl. 1838. Méd. 2e cl. 1849. 1re cl. 1846. ✵ 1840. Méd. 1re cl. 1855. *Boulevard de Rochechouard, 11.*

355 — La Vendange. Coteau de Sèvres.

THABARD, né à Limoges, élève de l'école de modelage. *Rue Ménilmontant, 115.*

356 — Dessins.

TORDEUX (Constant), né à Avesne. *Rue Duperé, 17.*

357 — La Partie de cartes.

TOLLOT (Benoist), né à Lyon, élève de M. Picot. *Rue Hauteville, 55.*

358 — Tête de jeune fille.

TRAYER (Jean-Baptiste-Jules), né à Paris. Méd. 3e cl. 1853-1855. *Quai Bourbon, 15.*

359 — L'Ouvrière, appartenant à M. A. D.

TABARAND, à Limoges.

360 — Tête de Vierge. (Dessin à la plume.)

TEILLET (Mme), née Lavaissière. St-Junien. Portrait au Pastel de Mlle T.

VEYRASSAT (Jules-Jacques), né à Paris. *Rue de Varennes, 18.*

361 — Retour des champs.

362 — Un Bac.

VILLEVIEILLE (Léon), né à Paris. *Avenue Frochot, 4.*

363 — Un Soir, au bord de la Meuse.

364 — Soleil couchant, appartenant à M. A. D.

VOILLEMOT (André-Charles), né à Paris, élève de Drolling. *Rue de Laval, 26, Avenue Frochot.*

365 — L'Amour vainqueur.

VANTEAUX (colonel de) *A Versailles.*

366 — Pervenche de la Ligoure.

367 — Serment de M. Fault de Vanteaux.

Le 6 décembre 1789, le Comité militaire de la Garde nationale de Limoges, nomme M Mathieu Fault de Vanteaux au grade de commandant général adjoint, afin de suppléer le comte Desroys, que ses fonctions de député obligeaient à siéger à l'Assemblée Constituante.

M. Fault de Vanteaux, ancien capitaine commandant au régiment de Picardie (infanterie), chevalier de l'Ordre royal et militaire de St-Louis, fait prêter, au pied des autels, le serment prescrit par le décret de l'Assemblée nationale, pour le rétablissement de la tranquillité publique.

Pendant l'office divin, MM. les officiers de l'état-major et des districts, s'avançent, l'épée à la main, et s'appuyant sur celle du commandant général, qui répète la formule, ils jurent sur leurs épées : « de rester fidèles à la *Nation,* au *Roi,* chef de la nation, et à la *Loi.* »

Un cri général ayant annoncé ce serment auguste, M. l'aumônier Tanchon, de l'église St-Martial, continue la célébration de la messe.

Parmi les officiers figure Jourdan, alors lieutenant et chef du district du clocher et qui, plus tard, devînt maréchal de l'Empire.

(Extrait de l'almanach de la Garde nationale du Limousin, année 1790.)

VEECK (Charles), né à Oldembourg. *Rue Pigale, 9.*

369 — Hébé, statue-marbre.

WORMS (Jules), né à Paris, élève de Delafosse. *Rue de Douai, 33.*

370 — Le Toilette des Zouaves.

WATELET ✱.

371 — Chûte d'eau en Suisse.

YVON, né à Eschwiller *(Moselle)*, élève de M. Paul Delaroche. Méd. 1re cl. **1848.** — Méd. 2e cl. 1855. — Grande Méd. d'honneur 1857. ✱ 1855.

368 — Séduction.

OUVRAGES ARTISTIQUES

EN PORCELAINE

DES MANUFACTURES DE

MM. ARDANT et Cie.
GIBUS et Cie.
JOUHANNEAUD et DUBOIS.
SAZÉRAT.

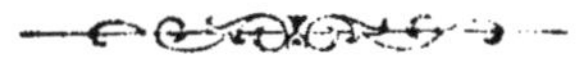

CONCOURS

DE MODELAGE ET DE PEINTURE SUR PORCELAINE.

MM. BAYLAC,
CHARTON,
GALATRY,
PARVY,
PERRIGAUD,
SAMSON,

} Artistes modeleurs.

MM. DALPAYRAT,
DUFREISSEIX,
LANTERNIER,
PAROT,
ROMAIN,
LESMES frères,

} Artistes peintres et décorateurs

www.ingramcontent.com/pod-product-compliance
Ingram Content Group UK Ltd.
Pitfield, Milton Keynes, MK11 3LW, UK
UKHW022123170726
13837UKWH00003B/1319